# ¡Menuda algarabía!

Ya está aquí la primavera. El sol vuelve a calentar la tierra y la naturaleza se despierta. En la ribera de los arroyos, estanques y lagunas, escondidas entre las hierbas y los matojos, las ranas hacen la siesta. Esperan a que oscurezca para empezar a cantar. «Croac, croac, croac, croac», ya ha empezado el concierto.

Esta especie de globo de color amarillo situado bajo la boca se llama *saco vocal*. Los machos lo utilizan para aumentar los sonidos, como si se tratara de un altavoz: por eso se oyen sus cantos desde lejos.

## TÚ, ¿QUÉ OPINAS?

¿Por qué los machos cantan cuando oscurece?

→ Respuesta 1: Porque están alegres.

→ Respuesta 2: Para dar miedo a los peces.

→ Respuesta 3: Para seducir a las hembras.

**L**a primavera es la época del apareamiento. Los machos buscan a una hembra, así que se reúnen y se ponen a cantar sobre las hojas. Las hembras, encantadas por el concierto, se acercan saltando para escoger a su pareja. Entonces los dos se alejan y se aparean.

Durante el apareamiento, el macho sujeta a la hembra con sus patas delanteras. Después saltan juntos al agua, donde se realiza la puesta: miles de huevos son depositados y fecundados segundos después por el macho.

La hembra pone entre 700 y 1000 huevos, en pequeños grupos del tamaño de una nuez. Éstos se quedan adheridos bajo las hojas, cerca del agua.

para seducir a las hembras.

¡700 huevos son muchos... pero no todos eclosionarán: unos morirán y de otros nacerán renacuajos!

Los huevos son gelatinosos. Parecen pastillas transparentes con un punto negro en medio. A las dos semanas de la puesta, se produce la eclosión.

5

# ¡Qué espabilados!

**E**n el momento de la eclosión, el renacuajo es una simple larva negra. Su cabeza es redonda y su delgada cola le permite desplazarse por el agua a gran velocidad. Es pequeño, pero muy espabilado... Devora todo tipo de plantas acuáticas, pues debe crecer y convertirse en rana.

El renacuajo crece solo, sin ayuda. Tras la puesta, la hembra no se preocupa de los huevos y el macho se va en busca de otra hembra. Por eso, tras su eclosión, el pequeño renacuajo debe ser listo y espabilarse para buscar comida y escaparse de los peces, que se lo comerían con mucho gusto...

## TÚ, ¿QUÉ OPINAS?

¿Cómo se transforman los renacuajos en ranas?

→ Respuesta 1: Cambian de una sola vez.

→ Respuesta 2: Pasando un año en el fondo del agua.

→ Respuesta 3: Creciendo por fases.

**S**on necesarias una serie de fases para transformarse en rana: el renacuajo tarda tres meses en cambiar de forma... ¡y de vida! Al principio, sólo puede vivir en el agua: respira por branquias, como los peces. Después, poco a poco, le crecen las patas, la cola desaparece... ¡y ya se ha transformado en una pequeña rana que empieza a vivir fuera del agua y a respirar con pulmones!

Al nacer, el pequeño renacuajo mide solamente unos cuantos milímetros. A la semana, la cola se le alarga, le salen ojos y branquias, y nada cada vez más deprisa.

Las primeras patas que le salen son las de atrás. Al mismo tiempo, la cabeza comienza a crecer porque las patas delanteras se desarrollan primero en el interior.

# crecen por fases.

¡Ya tiene patas delanteras y traseras!
El pequeño renacuajo comienza
a parecerse a una rana.
La manera de _digerir_ el alimento
y la de respirar cambian.

He aquí una rana: ha tenido que sufrir varias transformaciones para ser algo más larga que la uña del dedo gordo y respirar con pulmones. Es tan pequeña que es difícil cazarla: salta entre la hierba y las hojas de la charca donde nació.

9

# Una acróbata muy divertida

Inmóvil entre la vegetación, la rana adulta parece una bella piedra preciosa, verde y brillante. Pero al menor ruido, desaparecerá. Su constitución se parece a la de un atleta: sus patas traseras son muy largas y musculosas, y poseen unos dedos muy desarrollados. Sabe nadar, saltar y trepar por las hojas de los juncos: las acrobacias no le dan miedo.

La piel verde de la rana no tiene escamas. Brilla a causa de unas glándulas muy pequeñas y numerosas que producen un líquido viscoso, como la saliva, y que la protegen. Por eso, la rana es impermeable al agua y el aire no la reseca.

## TÚ, ¿QUÉ OPINAS?

¿Por qué no se cae una rana al realizar piruetas?

→ Respuesta 1: Tiene una especie de ventosas bajo las patas.

→ Respuesta 2: Se aguanta con la lengua.

→ Respuesta 3: Escupe para adherirse a las plantas.

**L**a rana pasa la mayor parte del tiempo trepando por las hojas de los matorrales, las cañas y los arbustos que crecen cerca del agua. Es capaz de desplazarse por las alturas sin caerse: bajo los dedos de las cuatro patas posee unos discos adhesivos, a modo de ventosas, que se pegan. Esto le permite subirse fácilmente por el follaje y sujetarse a los tallos de las plantas.

Al igual que otras especies de rana, la rana de San Antonio tiene cinco dedos en cada pata trasera y cuatro en cada pata delantera. Todos son muy largos y, por eso, puede sujetarse bien a las plantas.

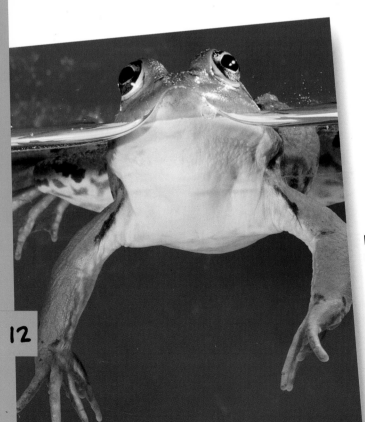

Las patas de la rana de San Antonio no son tan palmeadas como las de las demás ranas. Sólo se mete en el agua cuando se reproduce. Aun así, es una excelente nadadora.

de ventosas bajo las patas.

La piel del abdomen de la rana también es muy viscosa: por eso, puede desplazarse bocabajo y pasear por la cara dorsal de las hojas sin caerse.

La rana tiene buen oído y buena vista. Sus ojos saltones, situados a cada lado de la cabeza, le permiten ver lo que hay delante y lo que hay detrás, a la vez. Sus párpados son transparentes y sirven de máscara de inmersión cuando nada.

# ¡Qué glotona!

La rana es igual de voraz que los renacuajos, pero no come lo mismo que ellos: no caza en el agua; captura en tierra todo tipo de presas pequeñas... ¡Le encantan los insectos! Camuflada entre las hojas, los espera sin inmutarse y salta para capturarlos con su lengua viscosa. Se traga a cualquiera que se ponga a su alcance.

La boca de la rana posee una gran apertura. En su interior, hay una lengua larga, carnosa y viscosa, una trampa perfecta en la cual quedan adheridas las pequeñas presas.

## TÚ, ¿QUÉ OPINAS?
### ¿Qué comen las ranas?

→ Respuesta 1: Fruta y legumbres.

→ Respuesta 2: Peces.

→ Respuesta 3: Cada rana tiene su propia dieta.

15

Insectos, caracoles y cualquier otro tipo de bicho son una auténtica delicia para las ranas: ¡son muy glotonas! No obstante, a ciertas ranas de países cálidos les gusta otro tipo de alimento: la rana gigante come polluelos y serpientes; la rana africana, termitas, por ejemplo.

La rana verde posee un apetito voraz y no se alimenta solamente de insectos sino de lagartijas, serpientes acuáticas recién nacidas y pequeños roedores.

La rana come moscas, libélulas, mosquitos y tábanos... Sus ojos no captan bien los objetos inmóviles; en cambio tienen una vista audaz para captar los que están en movimiento.

su propia dieta.

En África, la rana excavadora no vacila a la hora de abrir sus mandíbulas para morder la trompa del elefante que, cuando bebe, molesta a sus renacuajos.

# Camuflaje perfecto y... ¡adiós enemigos!

**P**ara escapar de sus enemigos, la rana cuenta con su agilidad y... ¡con el color de su piel! Su piel verde se confunde con el verde de la vegetación. Si está quieta, es muy difícil verla. Los pájaros y mamíferos que se alimentan de ella pasan a menudo por su lado y no la ven.

Pero, a veces, la rana no es verde sino... ¡azul! ¡Parece que haya saltado de un bote de pintura! Entonces se camufla mejor. No obstante, en invierno no se ve ni una: ni verde ni azul. ¿Dónde estarán?

## TÚ, ¿QUÉ OPINAS?

¿Dónde se esconde la rana en invierno?

→ Respuesta 1: En el fondo de los estanques y de los riachuelos.

→ Respuesta 2: En un nido.

→ Respuesta 3: Se pone a resguardo para dormir.

**A** finales de septiembre, el silencio vuelve a las charcas, estanques y riachuelos: las ranas han dejado de cantar. La claridad no es tan intensa, la temperatura baja y el otoño se acerca: las ranas se refugian en la concavidad de una roca o del suelo. Allí se acurrucan durante unos cuantos meses para pasar el invierno dormidas, sin comer ni moverse, hasta que vuelve la primavera.

La rana australiana hace todo lo contrario que la rana común: cuando el clima es demasiado árido y el calor es intenso, se entierra para evitar desecarse y espera meses, e incluso años, hasta que la humedad vuelve a ser elevada para salir de su escondite.

Esta diminuta rana africana no hiberna, pero sabe esconderse perfectamente para descansar: su piel cambia de color según la intensidad de la luz. ¡Es prácticamente imposible distinguirla entre las plantas en que descansa!

# a resguardo para dormir.

La temperatura del cuerpo de la rana es igual que la del lugar en que vive.
Cuando la sorprenden dormida, en invierno, parece que esté helada pero... un poco de calor
y ya está preparada para el ajetreo diario.

La rana pertenece al grupo de los anfibios, llamados también batracios: esto quiere decir que pasa la primera parte de su existencia dentro del agua, donde respira como los peces. Tras una serie de metamorfosis, respira con pulmones y vive fuera del agua. Pertenece al orden de los anuros: al igual que ellos, no posee cola y tiene unas patas traseras muy fuertes. La rana verde y el sapo también forman parte del orden de los anuros. La rana pertenece a la familia de los hílidos: dicha familia agrupa aproximadamente a 500 especies diferentes de ranas. Su nombre científico es *Hyla arborea:* todos los animales tienen un nombre en latín, conocido por todos los científicos. La rana apenas pesa unos gramos. Vive cerca del agua en bosques, parques y jardines. Se localiza en toda Europa, salvo Gran Bretaña.

Sus ojos son grandes, saltones y móviles. Captan perfectamente el movimiento.

Mide entre 3 y 5 cm.

El macho posee bajo la boca un saco oval de color amarillo que se infla cuando canta.

Tiene una franja de color negro de lado a lado; comienza en las narinas y rodea el ojo.

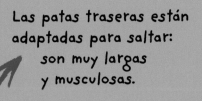

Las patas traseras están adaptadas para saltar: son muy largas y musculosas.

Hay muchos animales y todos ellos bien diferentes. Por eso, los científicos los han clasificado en función de sus diferencias y semejanzas.

Su color verde le permite camuflarse: ¡es muy difícil distinguirla entre la vegetación!

Posee cinco dedos en cada pata trasera.

Posee cuatro dedos en cada pata delantera.

23

## Títulos de la colección